AF221765

Impressum
Verlag: BABADADA GmbH, Nedderfeld 112 , 22529 Hamburg
Geschäftsführer / Verlagsleitung: Harald Hof
Druck: Books on Demand GmbH, In de Tarpen 42, 22848 Norderstedt

Imprint
Publisher: BABADADA GmbH, Nedderfeld 112 , 22529 Hamburg, Germany
Managing Director / Publishing direction: Harald Hof
Print: Books on Demand GmbH, In de Tarpen 42, 22848 Norderstedt

skola
escola

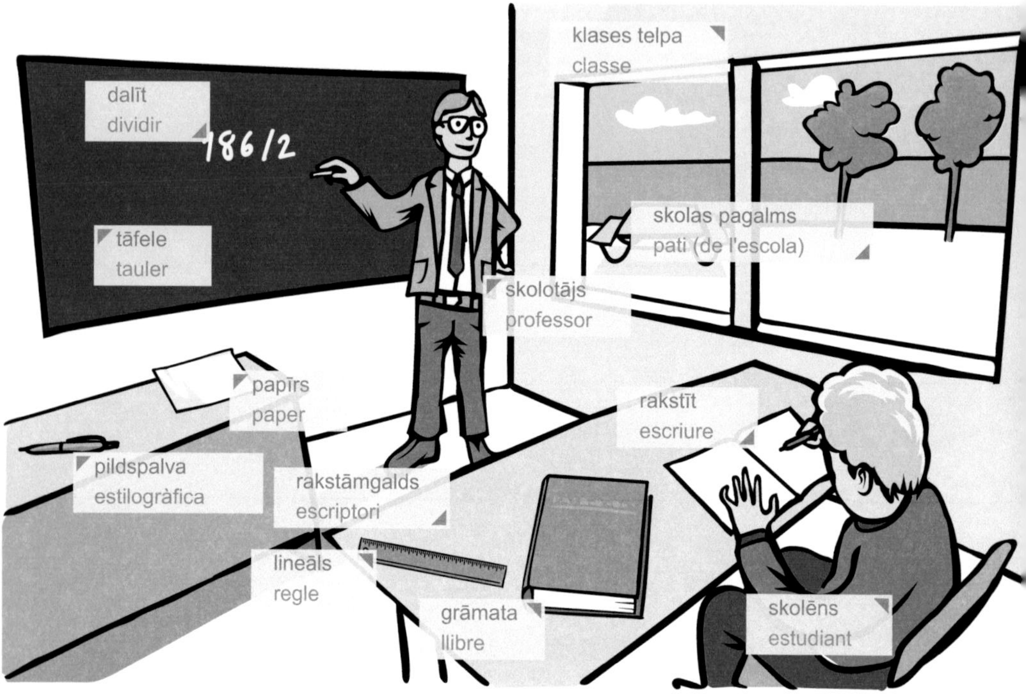

klases telpa
classe
dalīt
dividir
186/2
tāfele
tauler
skolas pagalms
pati (de l'escola)
skolotājs
professor
papīrs
paper
rakstīt
escriure
pildspalva
estilogràfica
rakstāmgalds
escriptori
lineāls
regle
grāmata
llibre
skolēns
estudiant

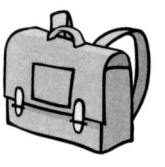

skolas soma
bossa

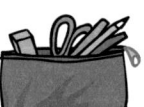

penālis
estoig

zīmulis
llapis

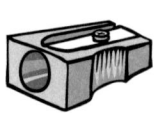

zīmuļu asināmais
maquineta de fer punta

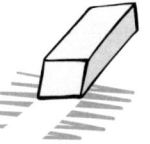

dzēšgumija
goma

zīmēšanas bloks
bloc de dibuix

zīmējums

dibuix

ota

pinzell

krāsas

capsa de pintures

šķēres

tisores

līme

cola

darba burtnīca

quadern d'exercicis

mājas darbs

deures

skaitlis

nombre

saskaitīt

afegir

atņemt

sostreure

reizināt

multiplicar

rēķināt

calcular

burts

lletra

alfabēts

alfabet

vārds

mot

teksts

text

lasīt

llegir

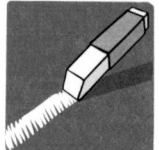

krīts

guix

mācību stunda

lliçó

žurnāls

llibre de classe

eksāmens

examen

liecība

certificat

skolas forma

uniforme escolar

izglītība

formació

enciklopēdija

enciclopèdia

universitāte

universitat

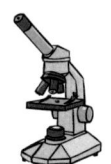

mikroskops

microscopi

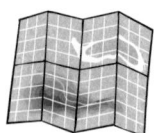

karte

mapa

papīrgrozs

paperera

4

ceļojums
viatge

viesnīca
hotel
Grand
hostelis
alberg
ROOMS
EXCHANGE
valūtas maiņas punkts
oficina de canvi
čemodāns
maleta
automašīna
automòbil

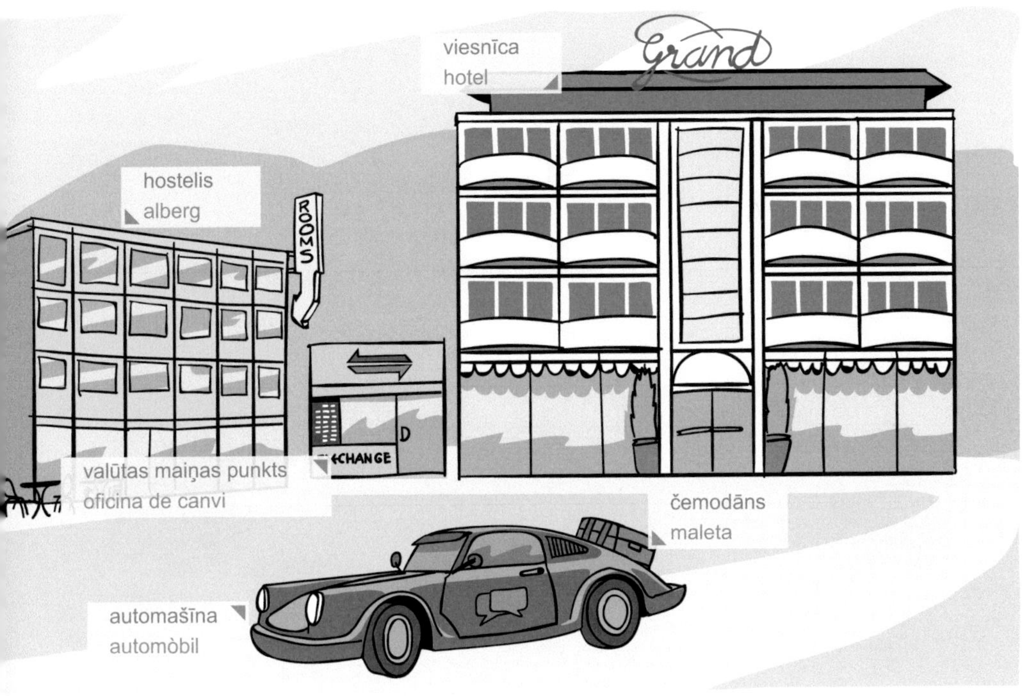

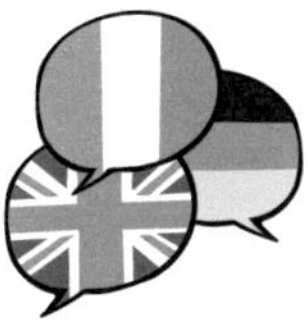

Valoda

llengua

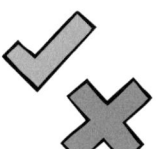

jā / nē

sí / no

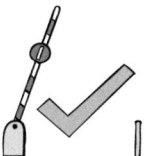

Okay

D'acord

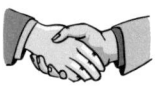

Sveiki!

Ey!

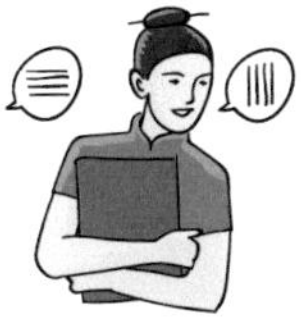

tulks

traductora

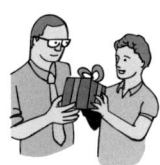

paldies

gràcies

Cik maksā…?

Quant costa… ?

Es nesaprotu

No entenc

problēma

problema

Labvakar!

Bona nit!

Labrīt!

bon dia!

Ar labu nakti!

bona nit!

Uz redzēšanos

fins aviat

virziens

direcció

bagāža

bagatge

soma

bossa

mugursoma

sarrona

viesis

convidat

istaba

cambra

guļammaiss

sac de dormir

telts

tenda

tūrisma informācija

oficina de turisme

pludmale

platja

kredītkarte

carta de crèdit

brokastis

esmorzar

pusdienas

dinar

vakariņas

sopar

biļete

bitllet

lifts

ascensor

pastmarka

segell

robeža

frontera

muita

duana

vēstniecība

ambaixada

vīza

visat

pase

passaport

transports
transport

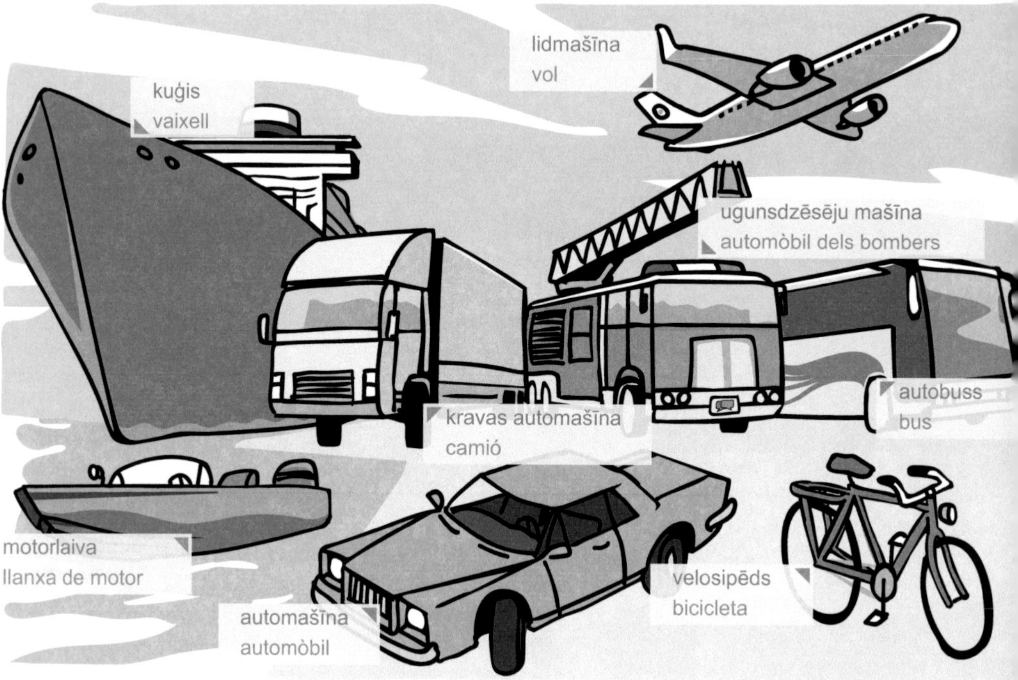
lidmašīna
vol
kuģis
vaixell
ugunsdzēsēju mašīna
automòbil dels bombers
autobuss
bus
kravas automašīna
camió
motorlaiva
llanxa de motor
velosipēds
bicicleta
automašīna
automòbil

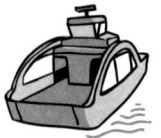

prāmis
transbordador

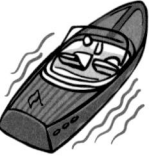

laiva
barca

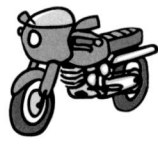

motocikls
moto

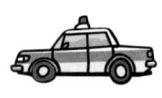

policijas automašīna
automòbil de policia

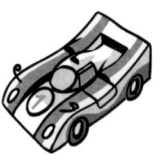

sacīkšu automobilis
automòbil de curses

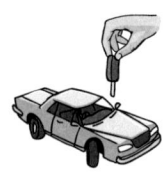

nomas auto
automòbil de lloguer

auto koplietošana

vehicle compartit

evakuators

grua

atkritumu mašīna

camió de les escombraries

dzinējs

motor

benzīns

benzina

degvielas uzpildes stacija

benzineria

ceļa zīme

senyal de trànsit

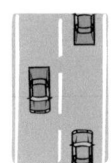

satiksme

trànsit

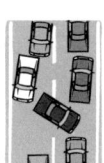

sastrēgums

embús

stāvvieta

aparcament

dzelzceļa stacija

estació de trens

sliedes

vies

vilciens

tren

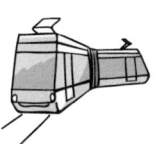

tramvajs

tramvia

vagons

vagó

helikopters

helicòpter

lidosta

aeroport

tornis

torre

pasažieris

passatger

konteiners

contenidor

kaste

capsa de cartó

ratiņi

carretó

grozs

cistella

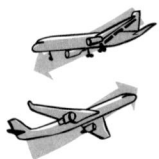

pacelties / nosēsties

enlairar-se / aterrar

pilsēta
ciutat

ciems

poble

pilsētas centrs

centre de la ciutat

māja

casa

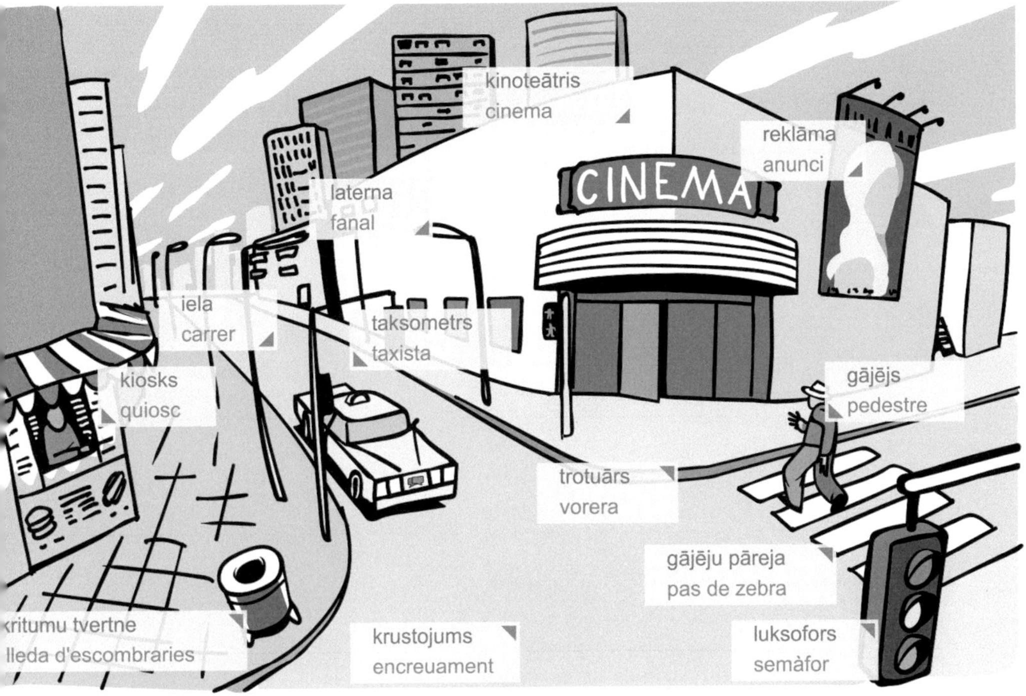

kinoteātris
cinema

reklāma
anunci

laterna
fanal

iela
carrer

taksometrs
taxista

gājējs
pedestre

kiosks
quiosc

trotuārs
vorera

gājēju pāreja
pas de zebra

atkritumu tvertne
lleda d'escombraries

krustojums
encreuament

luksofors
semàfor

būda

cabana

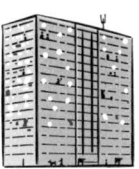

dzīvoklis

apartament

dzelzceļa stacija

estació de trens

rātsnams

casa de la vila-ciutat

muzejs

museu

skola

escola

pilsēta - ciutat

11

universitāte

universitat

banka

banca

slimnīca

hospital

viesnīca

hotel

aptieka

farmàcia

birojs

oficina

grāmatnīca

llibreria

veikals

botiga

ziedu veikals

floristeria

lielveikals

supermercat

tirgus

mercat

tirdzniecības centrs

gran magatzem

zivju tirgotājs

peixateria

tirdzniecības centrs

centre comercial

osta

port

parks

parc

sols

banc

tilts

pont

kāpnes

escala

metro

metro

tunelis

túnel

autobusa pieturvieta

parada d'autobús

bārs

bar

restorāns

restaurant

pastkastīte

bústia de correu

ielas nosaukuma plāksne

senyal indicador

stāvlaika skaitītājs

parquímetre

zooloģiskais dārzs

zoo

peldbaseins

piscina

mošeja

mesquita

zemnieku saimniecība
granja

vides piesārņojums
pol·lució

kapsēta
cementiri

baznīca
església

spēļu laukums
parc infantil

templis
temple

ainava
paisatge

lapa
fulla

ceļrādis
cartell indicador

ceļš
camí

pļava
prat

akmens
pedra

ceļotājs
excursionista

koks
arbre

upe
riu

zāle
gespa

puķe
flor

ieleja
vall

kalns
muntanya

ezers
llac

mežs
bosc

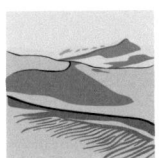

tuksnesis
desert

vulkāns
volcà

pils
castell

varavīksne
arc de Sant Martí

sēne
bolet

palma
palmera

moskīts
moscard

muša
mosca

skudra
formiga

bite
abella

zirneklis
aranya

vabole

escarabat

varde

granota

vāvere

esquirol

ezis

eriçó

zaķis

llebre

pūce

òliba

putns

ocell

gulbis

cigne

meža cūka

senglar

briedis

cervo

alnis

ant

aizsprosts

presa

vēja ģenerators

turbina

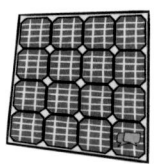

saules baterija

panell solar

klimats

clima

restorāns
restaurant

viesmīlis
cambrer
ēdienkarte
menú
krēsls
cadira
zupa
sopa
pica
pizza
galda piederumi
coberts
galdauts
tovalla

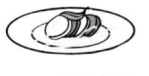

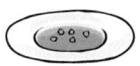

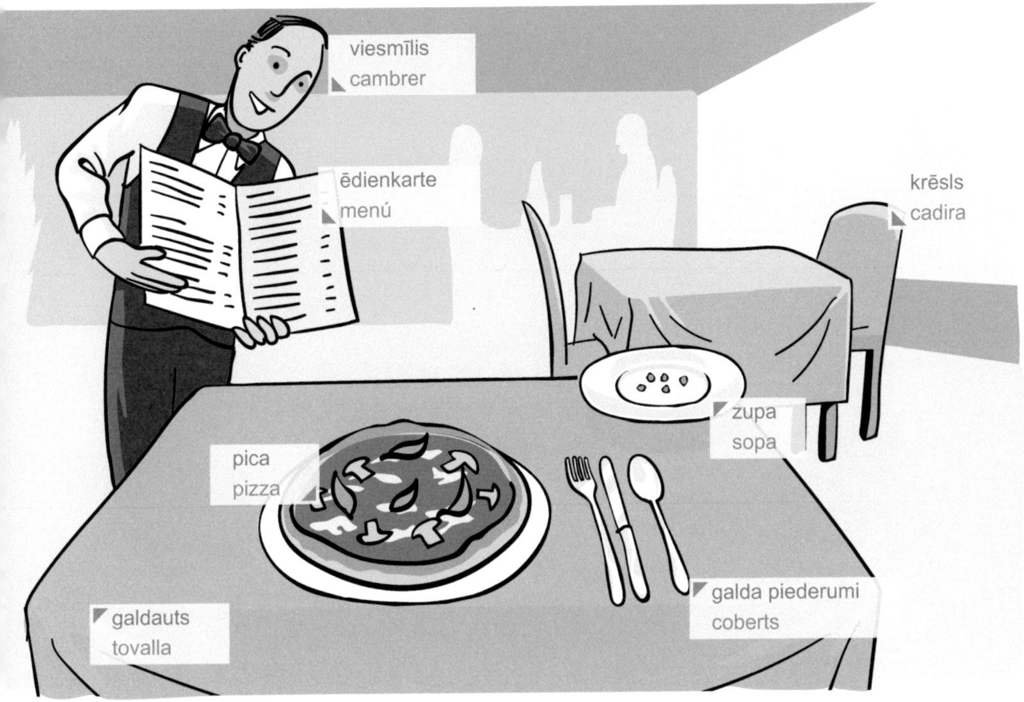

uzkoda
primer plat

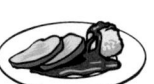

pamatēdiens
plat principal

deserts
darreries

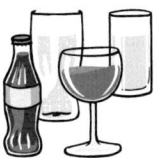

dzērieni
begudes

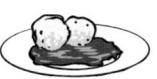

ēdiens
menjar

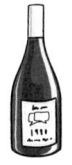

pudele
ampolla

ātrās uzkodas

menjar ràpid

ielu uzkodas

menjar de carrer

tējkanna

tetera

cukurtrauks

sucrer

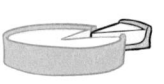

porcija

porció

espresso kafijas automāts

màquina d'espresso

bāra krēsls

trona

rēķins

factura

paplāte

plata

nazis

ganivet

dakša

forqueta

karote

cullera

tējkarote

cullereta

salvete

tovalló

glāze

got

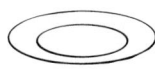

šķīvis

plat

zupas šķīvis

plat de sopa

apakštase

plateret

mērce

salsa

sāls trauciņš

saler

piparu dzirnaviņas

molinet de pebre

etiķis

vinagre

eļļa

oli

garšvielas

espècies

kečups

quètxup

sinepes

mostassa

majonēze

maionesa

lielveikals

supermercat

piedāvājums
oferta especial
FOR
klients
client
piena produkti
productes lactis
augļi
fruites
iepirkumu ratiņi
carret de la compra

BUTCHERS

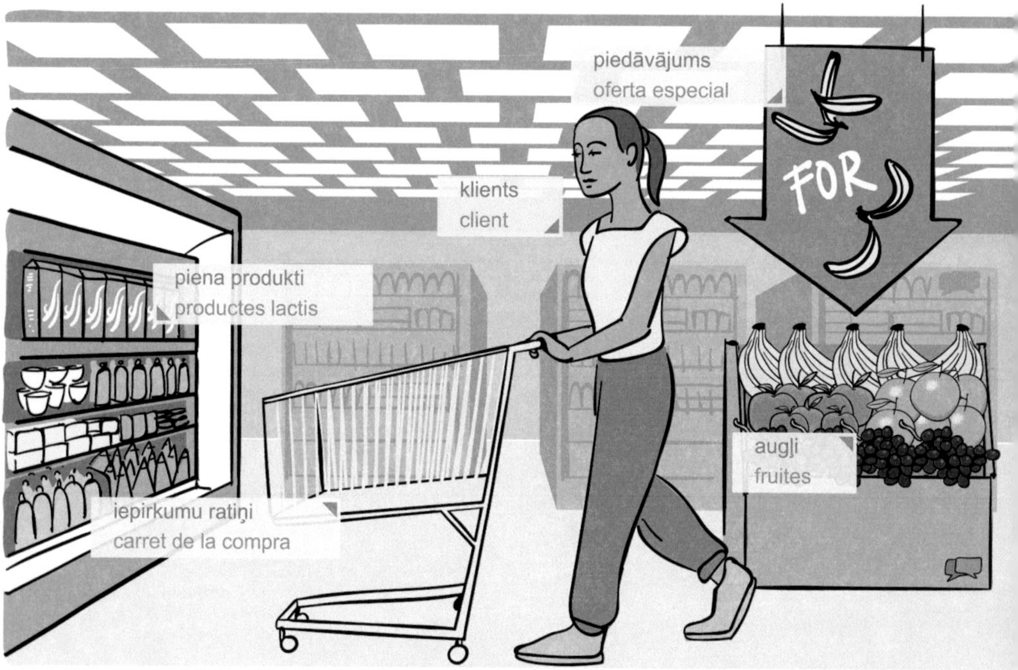

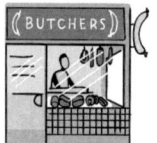

kautuve

carnisseria

BAKERY

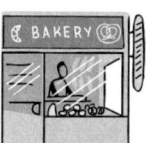

maizes veikals

forn de pa

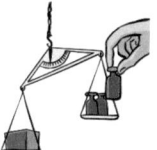

svērt

pesar

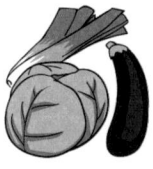

dārzeņi

verdures

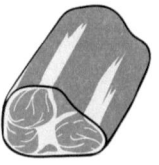

gaļa

carn

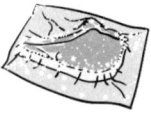

saldēti produkti

menjar congelat

aukstās gaļas uzkodas

carn freda

konservi

conserves

pulveris

detergent en pols

saldumi

dolços

mājsaimniecības preces

articles domèstics

tīrīšanas līdzeklis

productes de neteja

pārdevēja

venedora

kase

caixa registradora

kasieris

caixera

iepirkumu saraksts

llista de la compra

darba laiks

horari d'obertura

maks

portamonedes

kredītkarte

carta de crèdit

soma

bossa

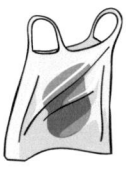

maisiņš

bossa de plàstic

ūdens

aigua

sula

suc

piens

llet

kola

coca-cola

vīns

vi

alus

cervesa

alkohols

alcohol

kakao

cacau

tēja

te

kafija

cafè

espresso

espresso

kapučīno

cappuccino

banāns

banana

ābols

poma

apelsīns

taronja

melone

síndria

citrons

llimona

burkāns

pastanaga

ķiploks

all

bambuss

bambú

sīpols

ceba

sēne

bolet

rieksti

avellanes

makaroni

fideus

spageti
espaguetis

rīsi
arròs

salāti
amanida

frī kartupeļi
patates fregides

cepti kartupeļi
patates fregides

pica
pizza

hamburgers
hamburguesa

sviestmaize
entrepà

šnicele
escalopa

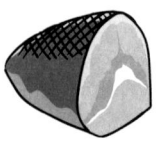

šķiņķis
cuixot

salami
salami

desa
salsitxa

vista
pollastre

cepetis
rostit

zivs
peix

ēdiens - menjar

auzu pārslas

flocs de civada

muslis

musli

brokastu pārslas

cereals

milti

farina

radziņš

croissant

brokastu maizītes

panet

maize

pa

tostermaize

torrada

cepumi

bescuits

sviests

mantega

biezpiens

mató

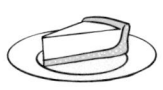

kūka

pastís

ola

ou

cepta ola

ou fregit

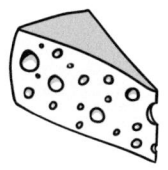

siers

formatge

saldējums

gelat

cukurs

sucre

medus

mel

marmelāde

melmelada

riekstu krēms

crema de xocolata

karijs

curri

zemnieku saimniecība
granja

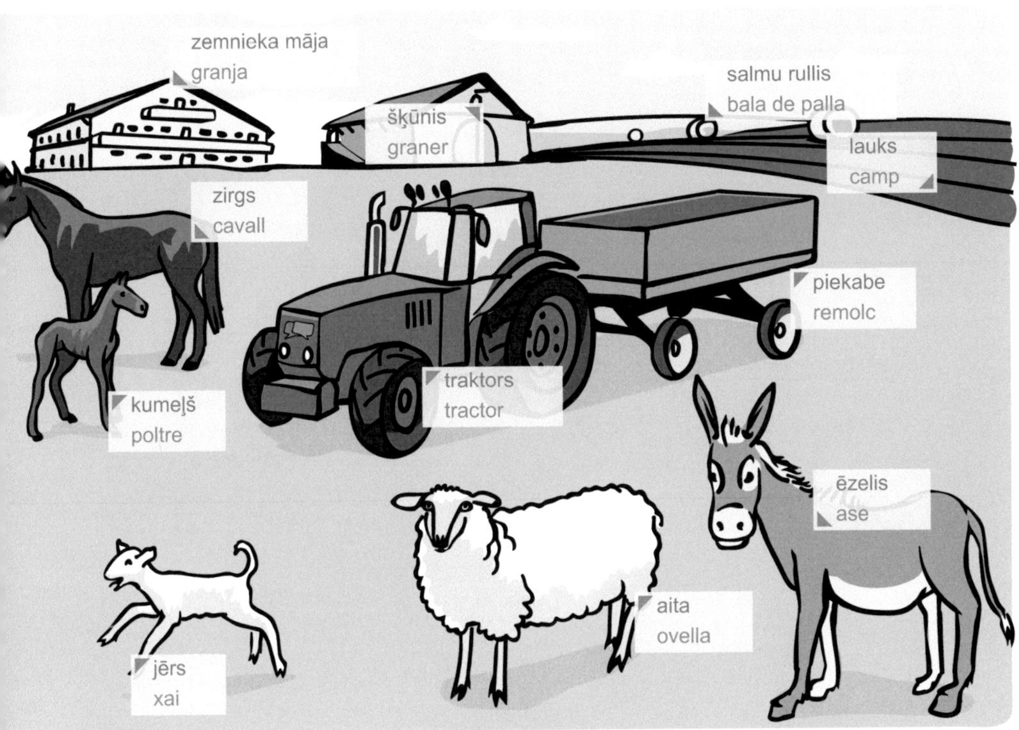

zemnieka māja
granja
šķūnis
graner
salmu rullis
bala de palla
lauks
camp
zirgs
cavall
piekabe
remolc
traktors
tractor
kumeļš
poltre
ēzelis
ase
aita
ovella
jērs
xai

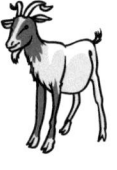

kaza

cabra

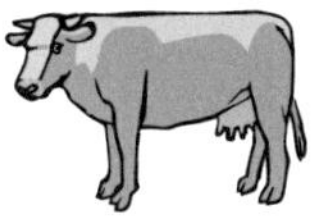
govs

vaca

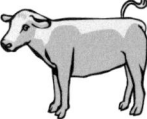

teļš

vedella

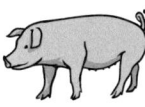

cūka

porc

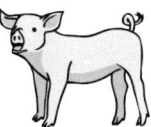

sivēns

garrí

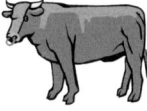

bullis

bou

zoss

oca

pīle

ànec

cālis

poll

vista

gall

gailis

gallina

žurka

rata

kaķis

gat

pele

ratolí

vērsis

bou

suns

gos

suņa būda

gossera

dārza šļūtene

mànega de regar

lejkanna

regadora

izkapts

dalla

arkls

arada

sirpis

falç

kaplis

aixada

mēslu dakša

forca

cirvis

destral

ķerra

carretó

sile

abeurador

piena kanna

lletera

maiss

sac

žogs

tanca

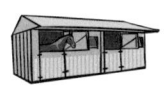

kūts

establa

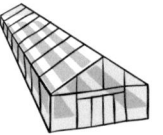

siltumnīca

hivernacle

augsne

sòl

sēklas

llavor

mēslojums

adob

kombains

collidora

novākt ražu

collir

raža

collita

jamss

nyam

kvieši

blat

soja

soja

kartupelis

patata

kukurūza

blat de moro o d'indi

rapsis

colza

augļu koks

arbre fruiter

manioka

mandioca

labība

cereals

māja
casa

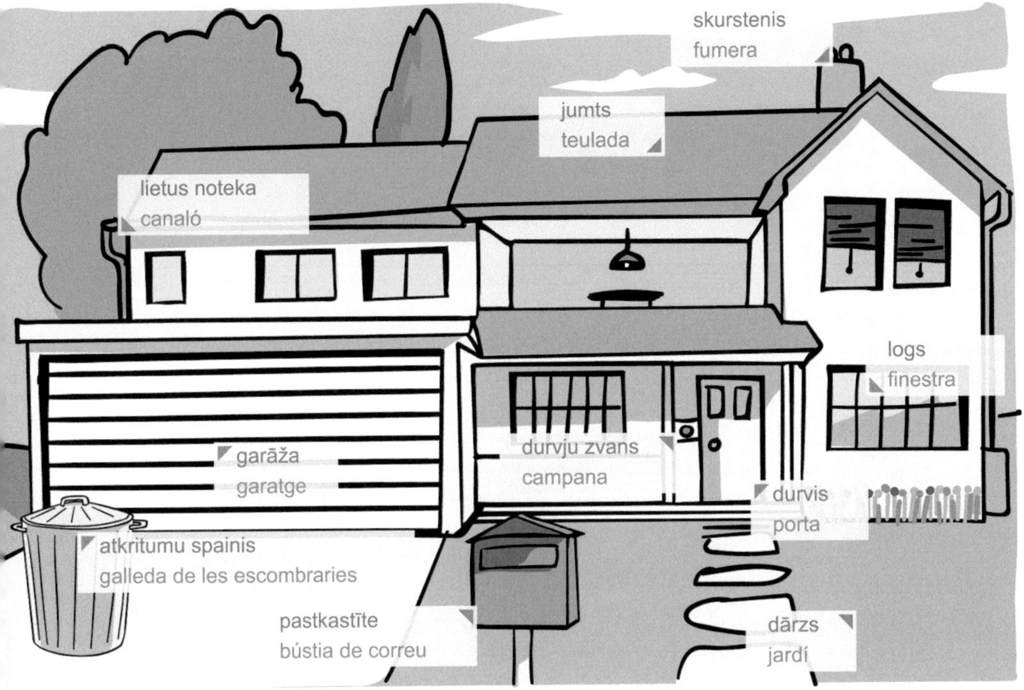

skurstenis
fumera
jumts
teulada
lietus noteka
canaló
logs
finestra
garāža
garatge
durvju zvans
campana
durvis
porta
atkritumu spainis
galleda de les escombraries
pastkastīte
bústia de correu
dārzs
jardí

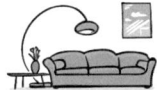

viesistaba

sala d'estar

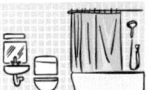

vannas istaba

bany

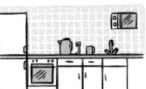

virtuve

cuina

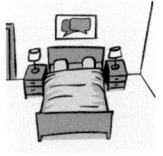

guļamistaba

cambra de dormir

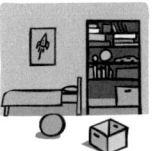

bērnu istaba

cambra de nen

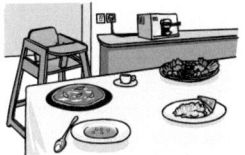

ēdamistaba

menjador

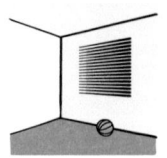

grīda

sòl

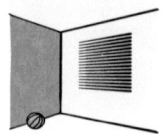

siena

paret

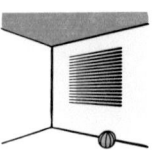

griesti

sostre

pagrabs

soterrani

sauna

sauna

balkons

balcó

terase

terrassa

baseins

piscina

zāles pļāvējs

tallagespa

gultas veļa

vànova

sega

cobrellit

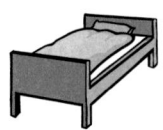

gulta

llit

slota

escombra

spainis

galleda

slēdzis

interruptor

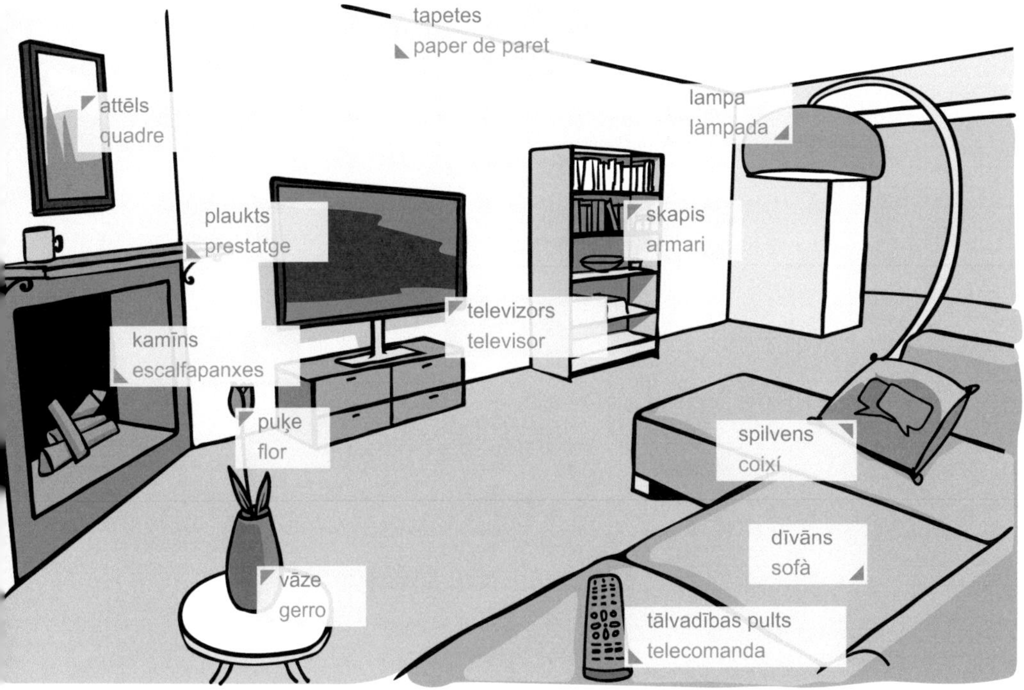

tapetes
paper de paret

attēls
quadre

lampa
làmpada

plaukts
prestatge

skapis
armari

kamīns
escalfapanxes

televizors
televisor

puķe
flor

spilvens
coixí

dīvāns
sofà

vāze
gerro

tālvadības pults
telecomanda

paklājs

catifa

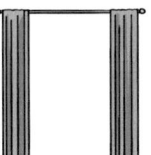

aizkars

cortina

galds

taula

krēsls

cadira

šūpuļkrēsls

cadira gronxadora

atpūtas krēsls

cadiral

grāmata

llibre

sega

llençol

dekorācija

decoració

malka

llenya

filma

film

mūzikas centrs

cadena de música

atslēga

clau

avīze

diari

glezna

pintura

plakāts

cartell

radio

ràdio

pierakstu blociņš

bloc de notes

putekļu sūcējs

aspiradora

kaktuss

cactus

svece

candela

virtuve
cuina

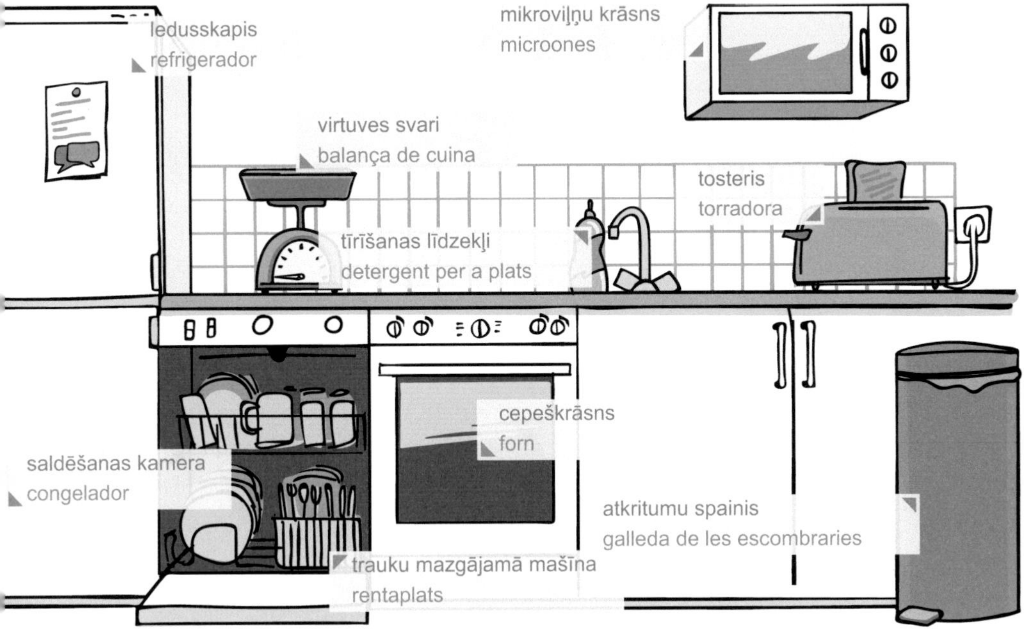

ledusskapis
refrigerador
mikroviļņu krāsns
microones
virtuves svari
balança de cuina
tosteris
torradora
tīrīšanas līdzekļi
detergent per a plats
cepeškrāsns
forn
saldēšanas kamera
congelador
atkritumu spainis
galleda de les escombraries
trauku mazgājamā mašīna
rentaplats

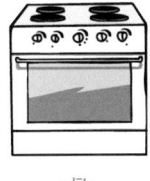

plīts

cuina de fogons

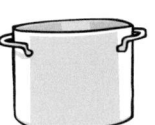

pods

olla

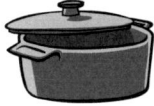

katls

olla de ferro colat

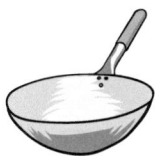

Wok panna

wok / karahi

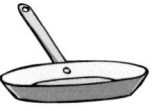

panna

paella

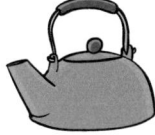

elektriskā tējkanna

bullidor

tvaika katls

olla de vapor

cepešpanna

plata de forn

trauki

vaixella

krūze

tassa grossa

bļoda

bol

irbulīši

bastonets xinesos

kauss

culler

lāpstiņa

espàtula

putošanas slotiņa

batedor

sietiņš

colador

siets

sedàs

rīve

ratllador

piesta

morter

grilēt

barbacoa

atklāts pavards

foc a terra

dēlis

taula de tallar

mīklas rullis

corró

korķu vilķis

llevataps

bundža

pot de conserva

konservu nazis

obridor

virtuves cimdi

agafador

izlietne

aigüera

birste

raspall

sūklis

esponja

mikseris

batedora

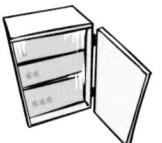

saldētava

congelador

bērna pudelīte

biberó

ūdenskrāns

aixeta

vannas istaba
bany

apkure
calefacció
dvielis
tovallola
duša
dutxa
dušas aizkari
cortina de dutxa
vannas putas
bany de bombolles
vanna
banyera
veļas mašīna
rentadora
flīzes
rajoles
glāze
got
ūdenskrāns
aixeta
podiņš
orinal
izlietne
aigüera

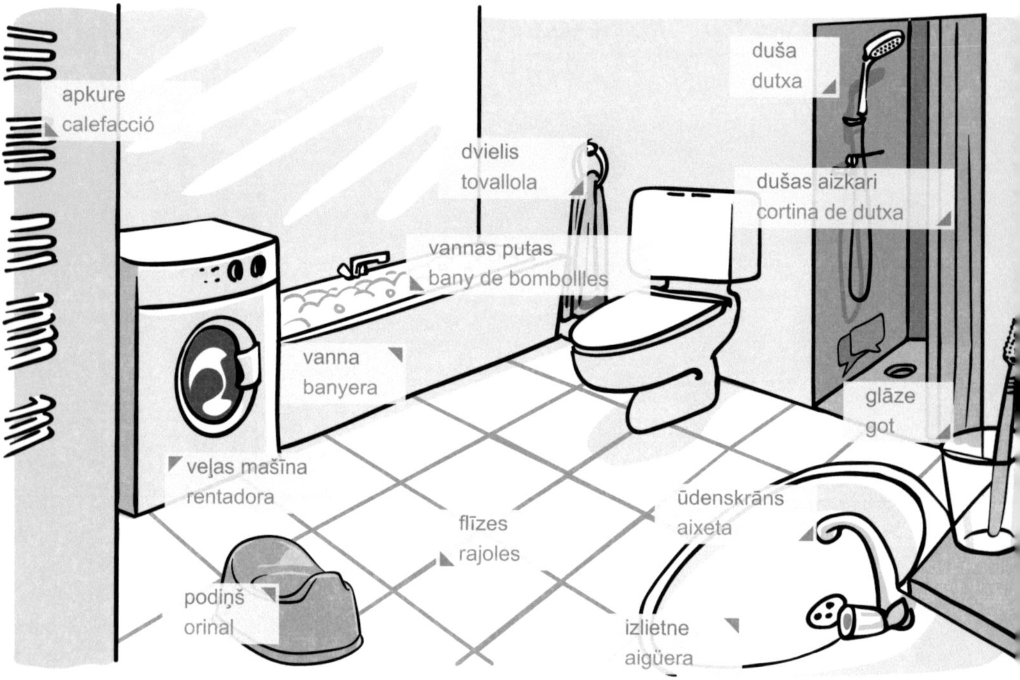

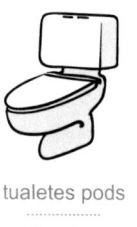

tualetes pods

lavabo

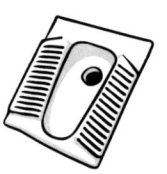

Āzijas tipa tualete

lavabo turc

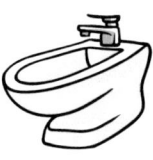

bidē

bidet

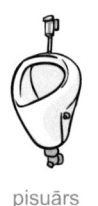

pisuārs

orinador

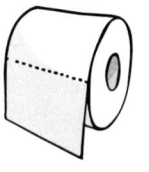

tualetes papīs

paper higiènic

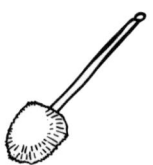

tualetes birste

escombreta de sanitari

zobu birste

raspall de dents

zobu pasta

pasta de dents

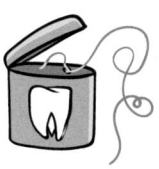

zobu diegs

fil dental

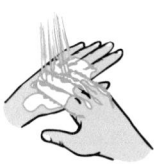

mazgāt

rentar

rokas duša

pom de dutxa

duša

dutxa íntima

bļoda

rentamans

muguras mazgāšanas birste

raspall per a l'esquena

ziepes

sabó

dušas želeja

gel de dutxa

šampūns

xampú

mazgāšanas drāna

manyopla de bany

noteka

bonera

krēms

crema

dezodorants

desodorant

spogulis

mirall

spogulītis

mirall-espill de mà

skuveklis

maquineta de rasar

skūšanās putas

espuma de barbejar

losjons pēc skūšanās

lloció post-rasada

ķemme

pinta

matu suka

raspall

matu fēns

eixugador

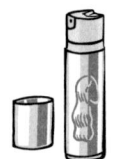

matu laka

laca

grima komplekts

maquillatge

lūpu krāsa

pintallavis

nagulaka

esmalt d'ungles

vate

cotó

šķērītes

tallaungles

smaržas

perfum

kosmētikas maks

estoig de bellesa

ķeblītis

tamboret

svari

bàscula

halāts

barnús

tīrīšanas cimdi

guants de goma

tampons

compresa higiènica

pakete

compresa

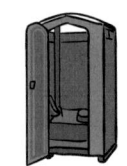

ķīmiskā tualete

sanitari químic

bērnu istaba
cambra de nen

modinātājs
despertador
mīkstā rotaļlieta
animal de peluix
spēļu automašīna
auto de joguina
grabulis
sonall
leļļu māja
casa de nines
dāvana
present

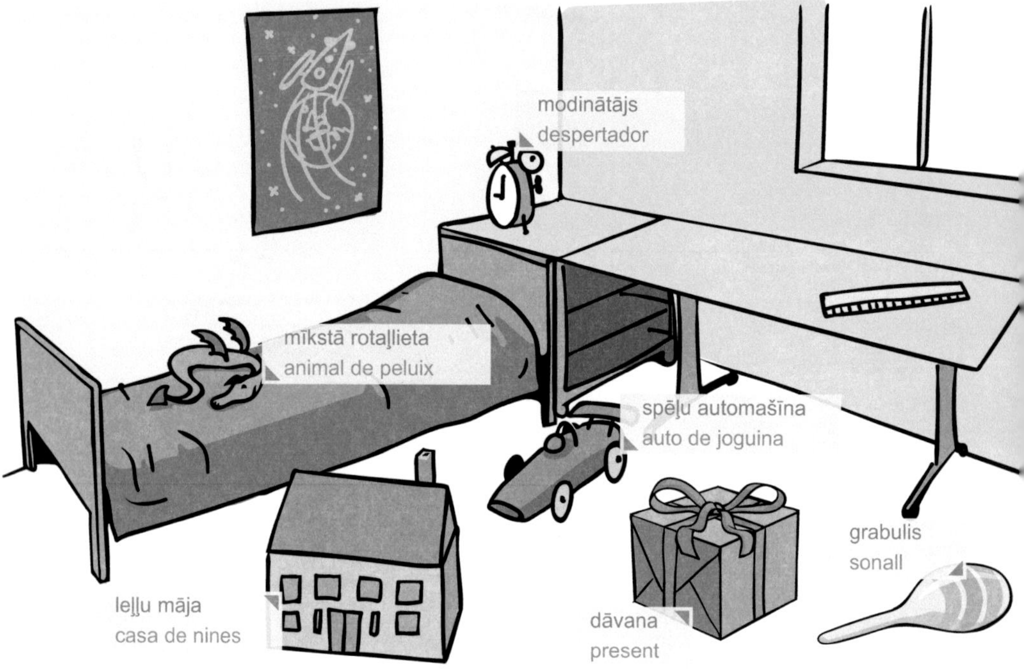

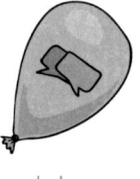

balons

baló

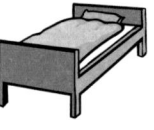

gulta

llit

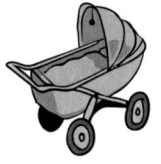

bērnu ratiņi

cotxet per a nens

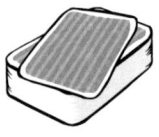

kārtis

joc de cartes

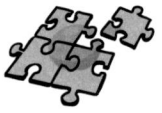

puzle

trencaclosca

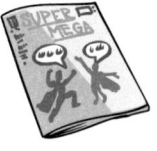

komikss

historieta

LEGO klucīši

peces de lego

klucīši

peces de construcció

varoņu figūra

ninot d'acció

rāpulītis

granota

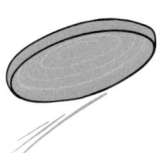

lidojošais šķīvītis

frisbee

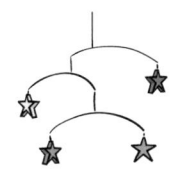

muzikālais karuselis

mòbil per a bressol

galda spēle

joc de taula

metamais kauliņš

daus

rotaļu dzelzceļš

tren elèctric

māneklis

xumet

ballīte

festa

bilžu grāmata

llibre de dibuixos

bumba

pilota

lelle

nina

spēlēt

jugar

smilšu kaste

sorrera

šūpoles

gronxador

rotaļlietas

joguines

spēļu konsole

consola de jocs de vídeo

trīsritenis

tricicle

plīša lācītis

osset de peluix

drēbju skapis

armari

īszeķes

mitjons

zeķes

mitges

zeķbikses

mitja pantaló

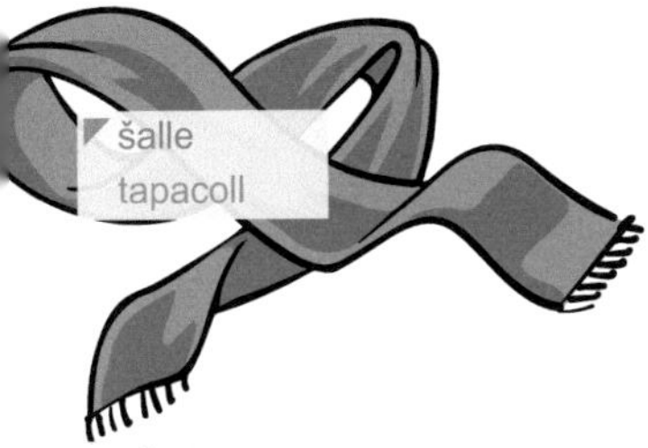

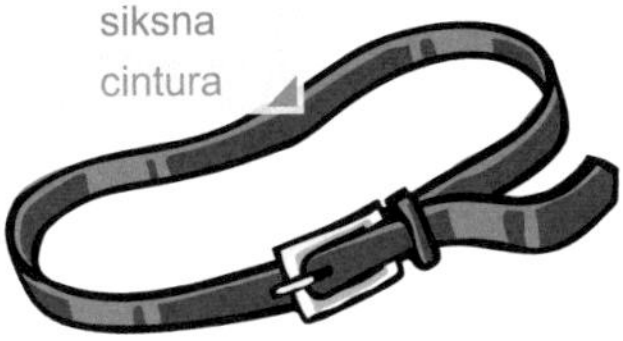

šalle
tapacoll

lietussargs
paraigua

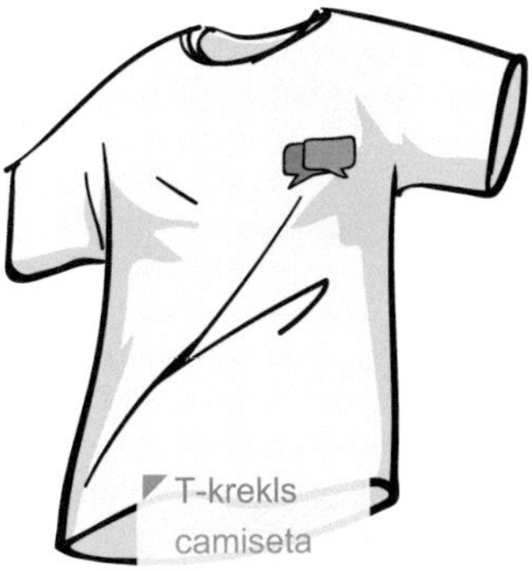

siksna
cintura

T-krekls
camiseta

zābaks
botes

čības
plantofes

botas
sabates d'esport

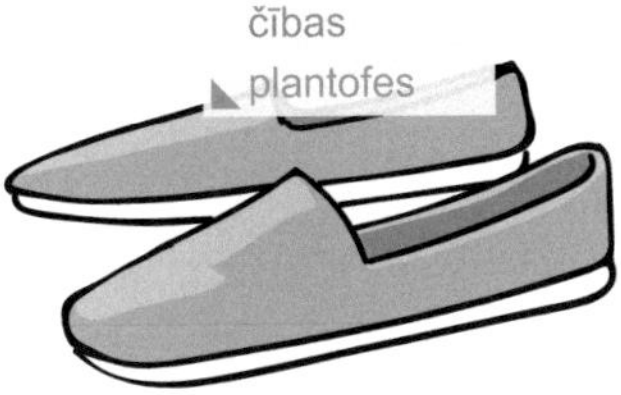

sandales
sandàlies

kurpes
sabates

gumijas zābaki
botes de goma

apakšbikses
calçonets

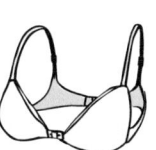
krūšturis
sostenidor

apakškrekls
guardapits

bodijs

jjustacòs

bikses

pantalons

džinsi

jeans

svārki

faldeta

blūze

brusa

krekls

camisa

pulovers

jersei

džemperis

dessuadora

žakete

blazer

jaka

jaqueta

mētelis

mantell

lietus mētelis

impermeable

kostīms

vestit de dona

kleita

vestit de dona

kāzu kleita

vestit de núvia

uzvalks

vestit d'home

naktskrekls

camisa de dormir

pidžama

pijama

sari

sari

lakats

mocador de cap

turbāns

turbant

burka

burca

kaftāns

caftan

abaja

abaia

peldkostīms

vestit de bany

peldbikses

calçon(et)s de bany

šorti

pantalons curts

treniņtērps

xandall

priekšauts

davantal

cimdi

guants

poga

botó

brilles

ulleres

rokassprādze

braçalet

kaklarota

collaret

gredzens

anell

auskars

orellera

cepure

casquet

drēbju pakaramais

penjador

platmale

capell

kaklasaite

corbata

rāvējslēdzējs

cremallera

ķivere

casc

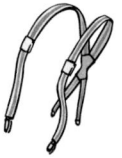

bikšturi

elàstics

skolas forma

uniforme escolar

uniforma

uniforme

priekšautiņš

pitet

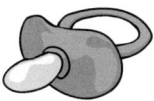

māneklis

xumet

autiņbiksītes

bolquer

birojs
oficina

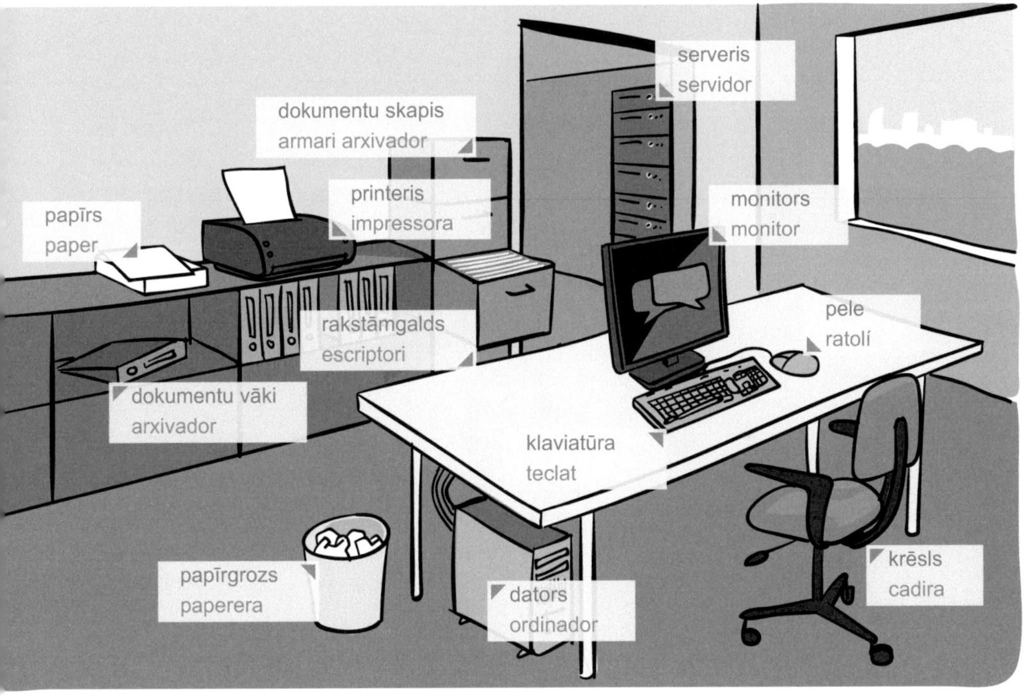

serveris
servidor

dokumentu skapis
armari arxivador

printeris
impressora

monitors
monitor

papīrs
paper

rakstāmgalds
escriptori

pele
ratolí

dokumentu vāki
arxivador

klaviatūra
teclat

papīrgrozs
paperera

dators
ordinador

krēsls
cadira

kafijas krūze

tassa de cafè

kalkulators

calculadora

internets

Internet

portatīvais dators

ordinador portàtil

vēstule

lletra

ziņa

missatge

mobilais tālrunis

mòbil

tīkls

xarxa

kopētājs

fotocopiadora

programmatūra

programari

telefons

telèfon

rozete

presa de corrent

faksa aparāts

fax

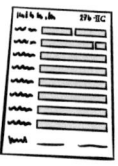

formulārs

formulari

dokuments

document

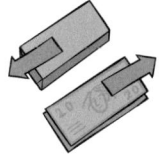

pirkt

comprar

samaksāt

pagar

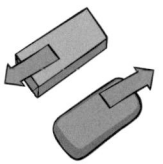

tirgot

comerciar

nauda

diners

USD

dolārs

dòlar

EUR

eiro

euro

JPY

jēna

ien

RUB

rublis

ruble

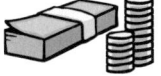

CHF

franks

franc suís

CNY

juaņa renminbi

renminbi

INR

rūpija

rupia

bankomāts

caixa automàtica

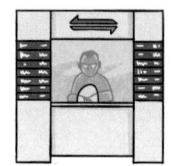

valūtas maiņas punkts

oficina de canvi

zelts

or

sudrabs

argent

nafta

petroli

enerģija

energia

cena

preu

līgums

contracte

nodoklis

impost

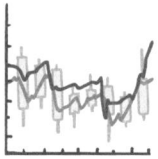

akcija

acció

strādāt

treballar

darbinieks

treballador

darba devējs

empresari

fabrika

fàbrica

veikals

botiga

profesijas
oficis

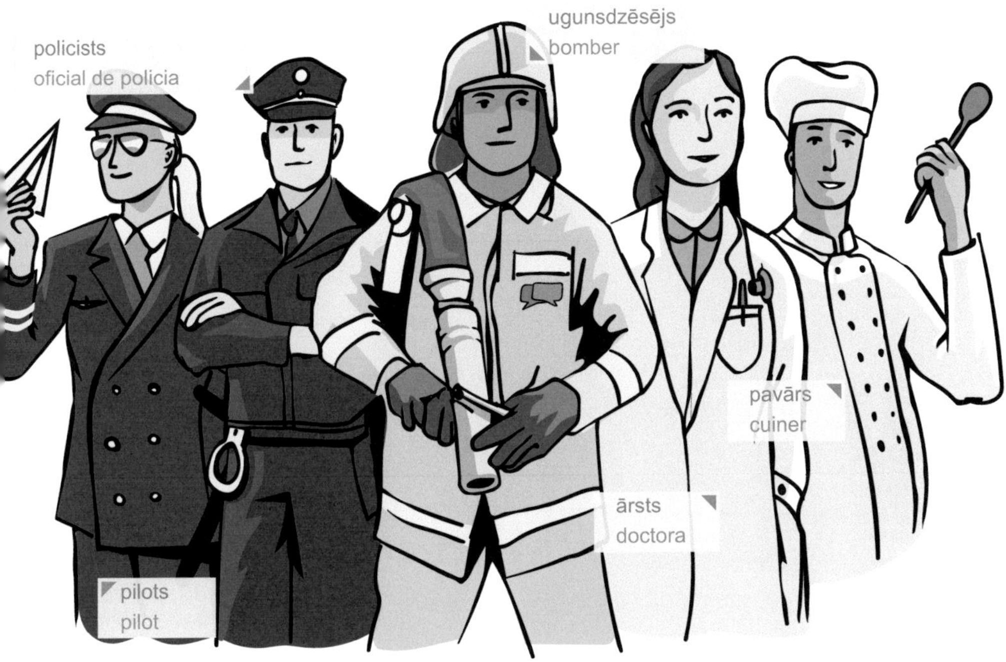

policists
oficial de policia
ugunsdzēsējs
bomber
pavārs
cuiner
ārsts
doctora
pilots
pilot

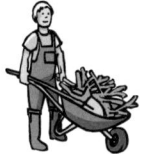

dārznieks

jardiner

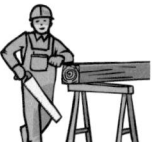

galdnieks

fuster

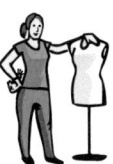

šuvēja

costurera

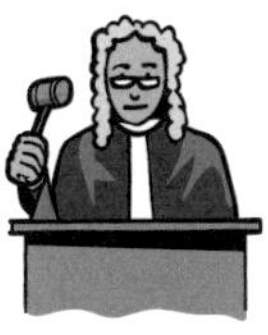

tiesnesis

jutge

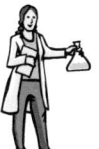

ķīmiķis

química

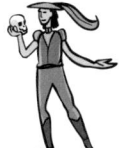

aktieris

actor

autobusa vadītājs

conductor d'autobús

taksometra vadītājs

taxista

zvejnieks

pescador

apkopēja

dona de la neteja

jumiķis

ensostrador

viesmīlis

cambrer

mednieks

caçador

gleznotājs

pintor

maiznieks

forner

elektriķis

electricista

celtnieks

obrer de la construcció

inženieris

enginyer

miesnieks

carnisser

skārdnieks

llanterner

pastnieks

correu

karavīrs

soldat

arhitekts

arquitecte

kasieris

caixera

florists

florista

frizieris

perruquer

konduktors

revisor

mehāniķis

mecànic

kapteinis

capità

zobārsts

dentista

zinātnieks

científic

rabīns

rabí

imāms

imam

mūks

monjo

mācītājs

capellà

instrumenti
eines

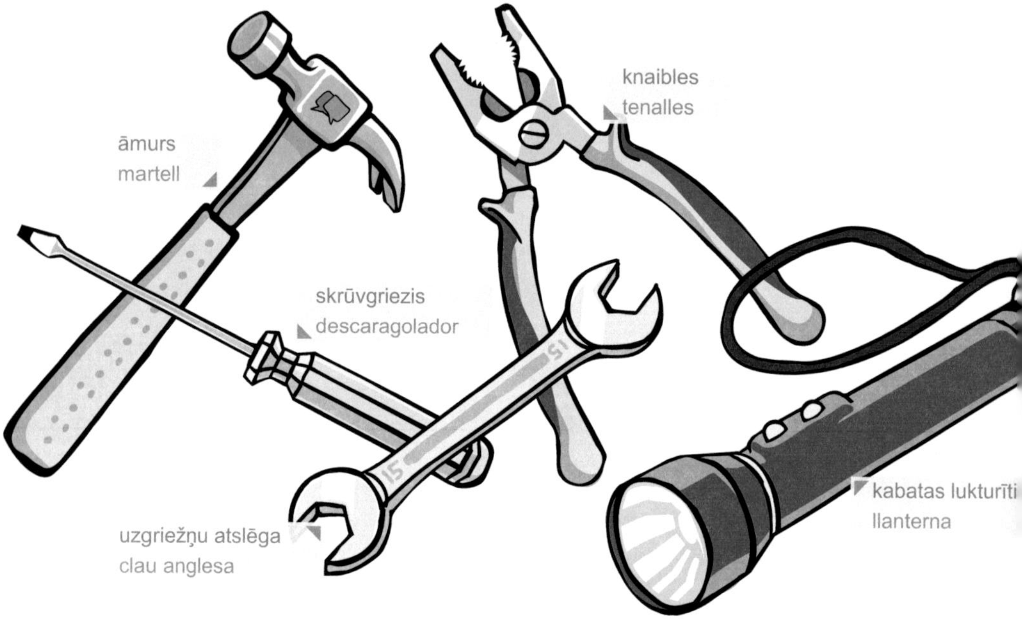
knaibles
tenalles
āmurs
martell
skrūvgriezis
descaragolador
kabatas lukturīti
llanterna
uzgriežņu atslēga
clau anglesa

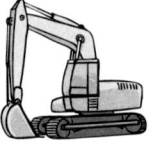

ekskavators

excavadora

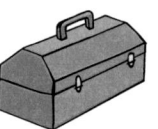

instrumentu kaste

caixa d'eines

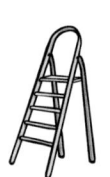

kāpnes

escala

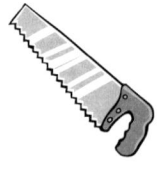

zāģis

serra

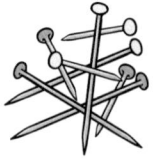

naglas

claus

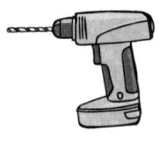

urbis

trepant

remontēt

reparar

lāpsta

pala

Velns!

Maleït siga!

liekšķere

pala

krāsas bundža

pot de pintura

skrūves

caragols

skaļrunis
altaveu

bungas
bateria

ġitāra
guitarra

kontrabass
contrabaix

trompete
trompeta

klavieres

piano

vijole

violí

bass

baix

timpāni

timbal

bungas

tambor

digitālās klavieres

teclat

saksofons

saxofon

flauta

flauta

mikrofons

micròfon

zooloģiskais dārzs

zoo

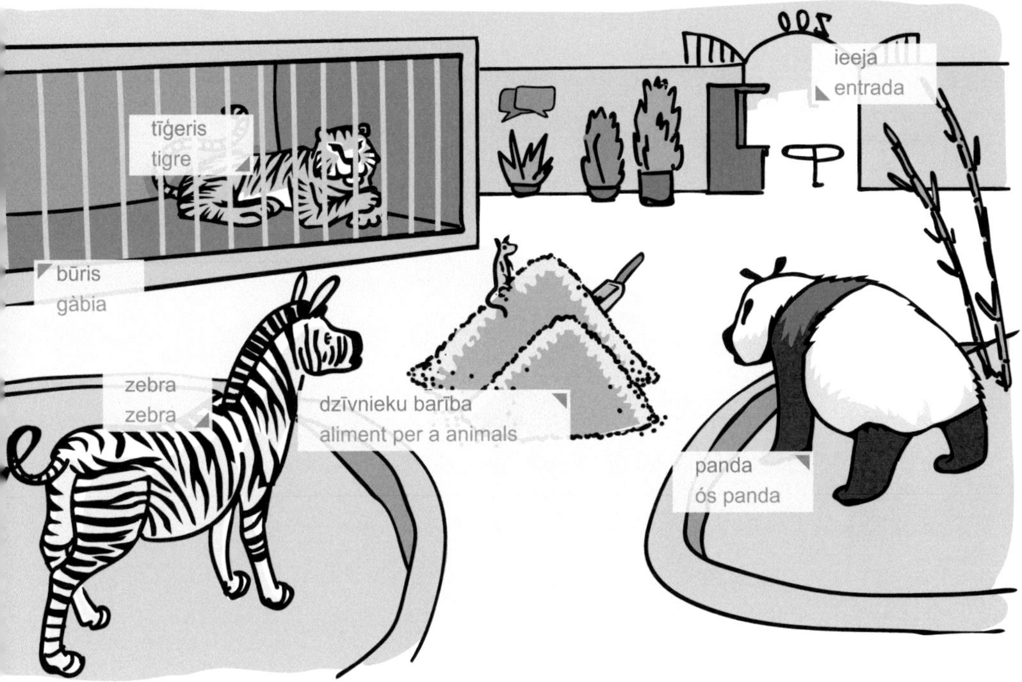
zoo
ieeja
entrada
tīģeris
tigre
būris
gàbia
zebra
zebra
dzīvnieku barība
aliment per a animals
panda
ós panda

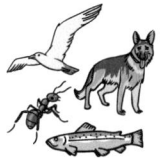

dzīvnieki

animals

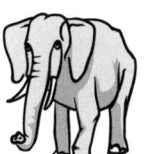

zilonis

elefant

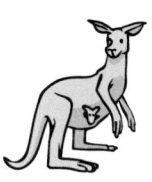

ķengurs

cangurú

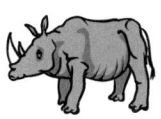

degunradzis

rinoceront

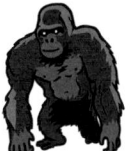

gorilla

goril·la

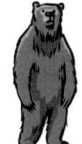

lācis

ós

kamielis

camell

strauss

estruç

lauva

lleó

pērtiķis

simi

flamings

flamenc

papagailis

papagai

polārlācis

ós polar

pingvīns

pingüí

haizivs

ca mari

pāvs

paó

čūska

serp

krokodils

cocodril

zoodārza sargs

guardià del zoo

ronis

foca

jaguārs

jaguar

ponijs

poni

leopards

lleopard

nīlzirgs

hipopòtam

žirafe

girafa

ērglis

àliga

meža cūka

senglar

zivs

peix

bruņurupucis

tortuga

valzirgs

morsa

lapsa

guineu

gazele

gasela

amerikāņu futbols
futbol americà

riteņbraukšana
ciclisme

teniss
tenis

basketbols
bàsquet

peldēšana
natació

bokss
boxa

hokejs
hoquei sobre gel

futbols
futbol americà

badmintons
bàdminton

vieglatlētika
atletisme

rokas bumba
handbol

slēpošana
esquí

polo
polo

lēkt / saltar

apskaut / abraçar

smieties / riure

iet / anar

dziedāt / cantar

lūgt / pregar

skūpstīt / fer un petó

sapņot / somiar

rakstīt
escriure

zīmēt
dibuixar

rādīt
mostrar

spiest
pitjar

dot
donar

ņemt
prendre

darbības - activitats

63

būt

tenir

darīt

fer

būt

ésser

stāvēt

estar dret

skriet

córrer

vilkt

estirar

mest

llançar

krist

caure

gulēt

jeure

gaidīt

esperar

nest

portar

sēdēt

asseure's

uzģērbt

vestir-se

gulēt

dormir

pamosties

despertar-se

skatīties

mirar

raudāt

plorar

glāstīt

amoixar

ķemmēt

pentinar

runāt

parlar

saprast

comprendre

jautāt

demanar

dzirdēt

escoltar

dzert

beure

ēst

menjar

sakārtot

endreçar

mīlēt

estimar

vārīt

cuinar

braukt

conduir

lidot

volar

burot

navegar

rēķināt

calcular

lasīt

llegir

mācīties

aprendre

strādāt

treballar

precēties

casar-se

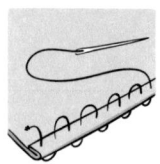

šūt

cosir

tīrīt zobus

raspallar-se les dents

nogalināt

matar

smēķēt

fumar

sūtīt

enviar

ģimene
família

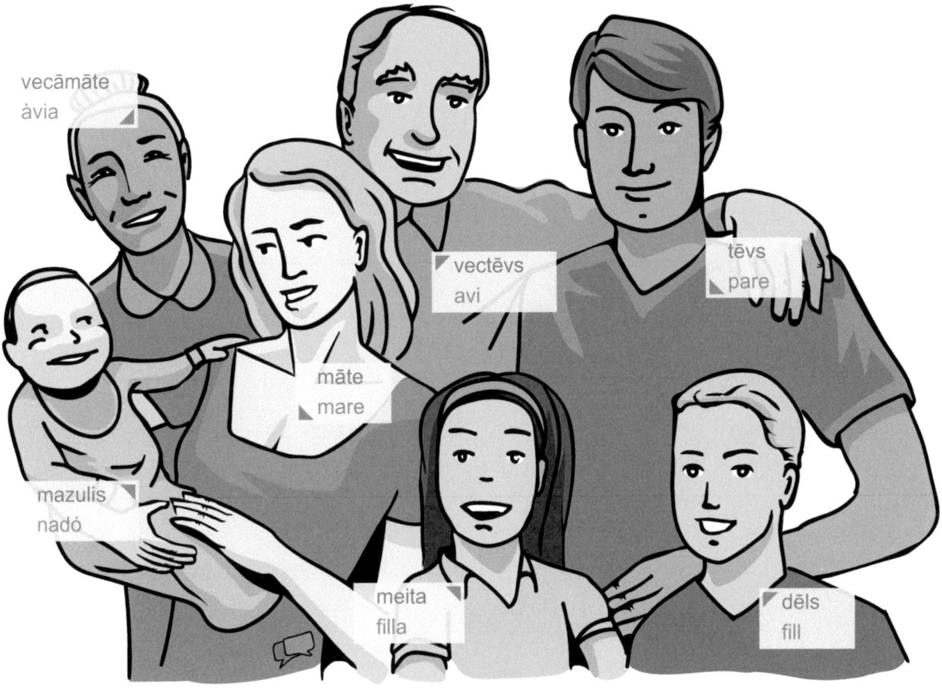

vecāmāte
àvia
vectēvs
avi
tēvs
pare
māte
mare
mazulis
nadó
meita
filla
dēls
fill

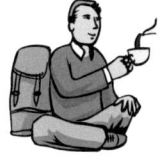

viesis

convidat

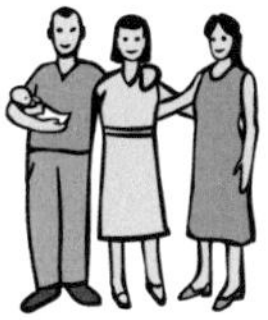

tante

tia

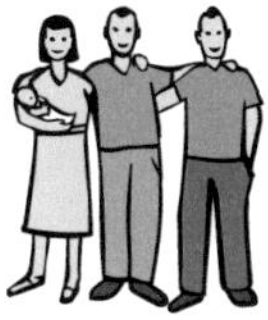

onkulis

oncle

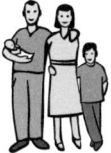

brālis

germà

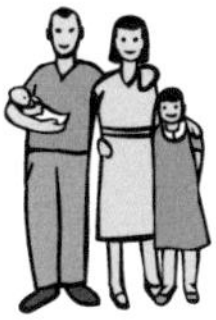

māsa

germana

ķermenis

cos

piere
front
acs
ull
plecs
espatlla
pirksts
dit
seja
cara
zods
barbeta
roka
mà
kāja
cama
krūtis
pit
roka
braç

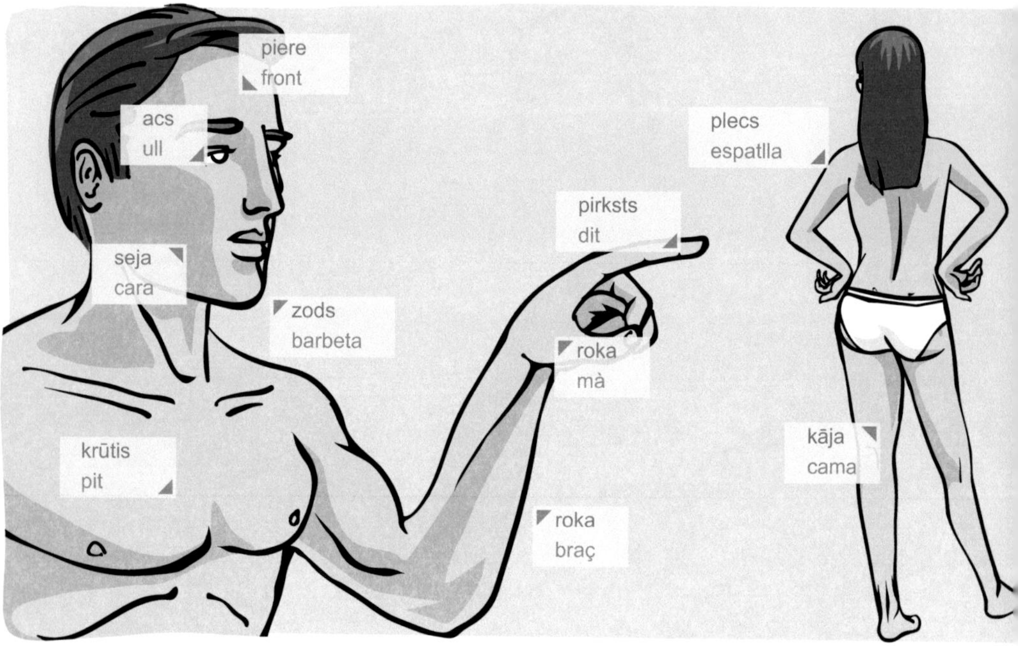

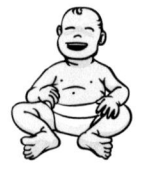

mazulis

nadó

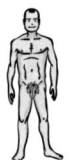

vīrietis

home

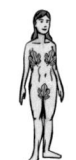

sieviete

dona

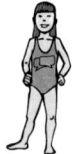

meitene

noia

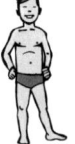

zēns

noi

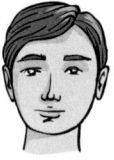

galva

cap

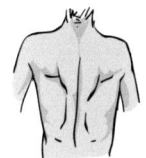

mugura

esquena

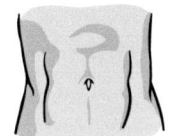

vēders

panxa

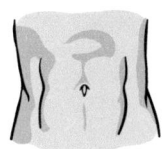

naba

melic

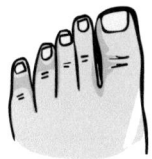

kājas pirksts

dit gros del peu

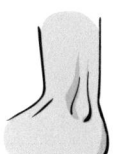

papēdis

taló

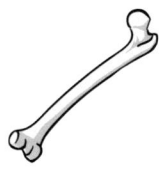

kauls

os

gurns

maluc

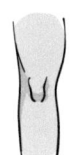

celis

genoll

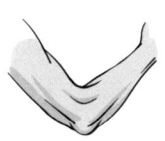

elkonis

colze

deguns

nas

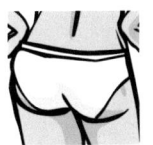

dibens

cul

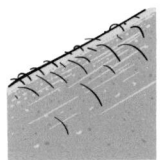

āda

pell

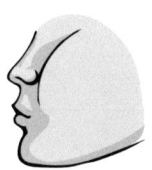

vaigs

galta

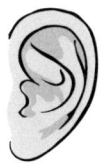

auss

orella

lūpa

llavi

ķermenis - cos

mute

boca

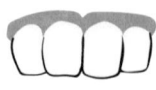

zobs

dent

mēle

llengua

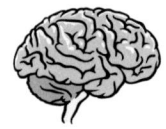

smadzenes

cervell

sirds

cor

muskulis

múscul

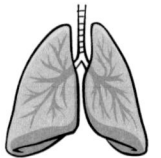

plaušas

pulmó

aknas

fetge

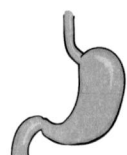

kuņģis

estómac

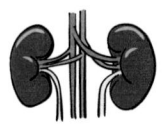

nieres

ronyó

dzimumakts

relació sexual

kondoms

preservatiu

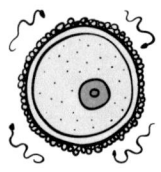

olšūna

ovari

sperma

semen

grūtniecība

prenyat

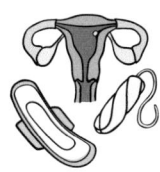

menstruācijas

menstruació

vagīna

vagina

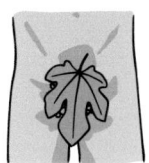

penis

penis

uzacs

cella

mati

cabells

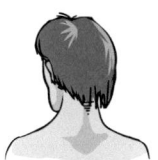

kakls

coll

slimnīca
hospital

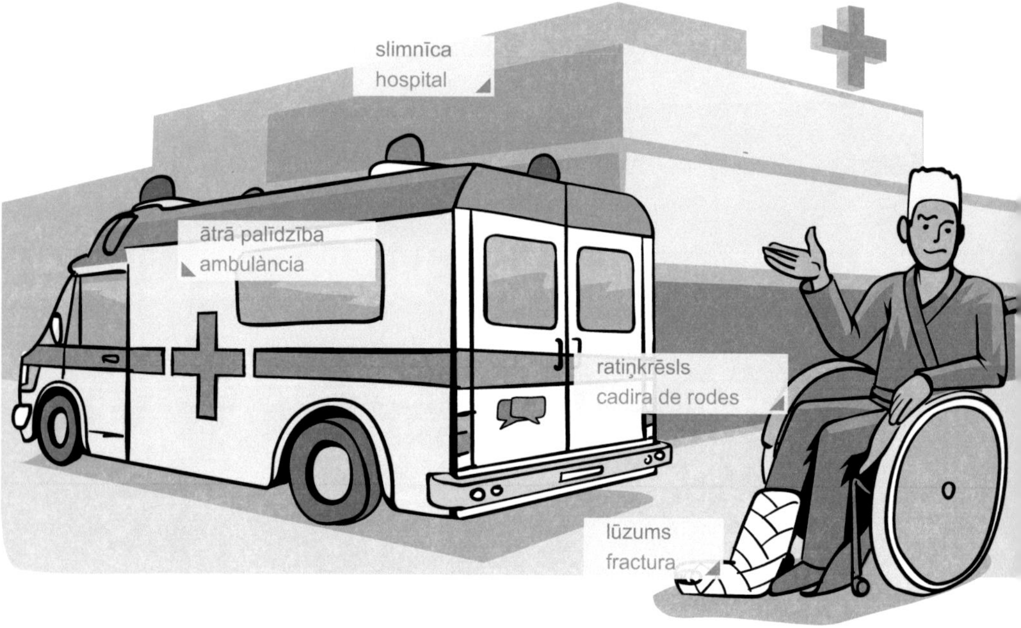

slimnīca
hospital
ātrā palīdzība
ambulància
ratiņkrēsls
cadira de rodes
lūzums
fractura

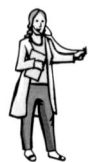

ārsts

doctora

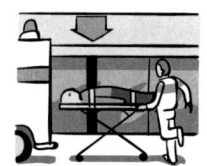

neatliekamās palīdzības nodaļa

sala d'urgències

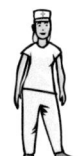

medmāsa

infermera

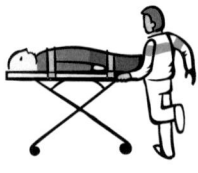

ārkārtas gadījums

urgència

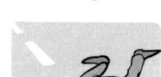

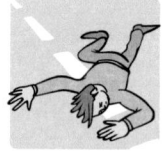

paģībis

inconscient

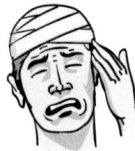

sāpes

dolor

ievainojums

ferida

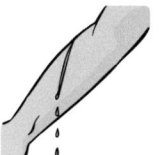

asiņošana

sagnament

sirdslēkme

atac de cor

insults

apoplexia

alerģija

al·lèrgia

klepus

tos

temperatūra

febre

gripa

gripa

caureja

diarrea

galvassāpes

mal de cap

vēzis

càncer

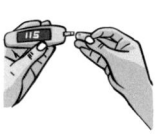

diabēts

diabetis

ķirurgs

cirurgià

skalpelis

escalpel

operācija

operació

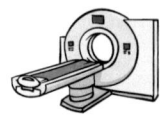

datortomogrāfija

tomografia computada (TC), TAC

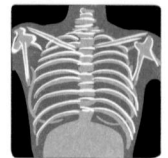

rentgents

raigs x

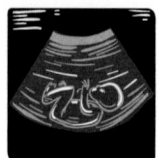

ultraskaņa

ultrasò

sejas maska

mascareta

slimība

malaltia

uzgaidāmā telpa

sala d'espera

kruķis

crossa

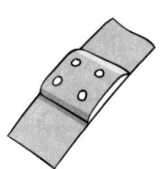

plāksteris

tireta

apsējs

embenat

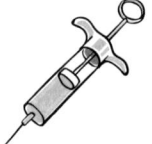

injekcija

injecció

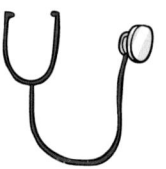

stetoskops

estetoscopi

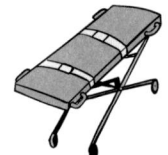

nestuves

llitera

termometrs

termòmetre clínic

dzemdības

pariment

liekais svars

sobrepès

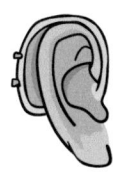

dzirdes aparāts

aparell auditiu

dezinfekcijas līdzeklis

desinfectant

infekcija

infecció

vīruss

virus

HIV / AIDS

VIH / SIDA

zāles

medicina

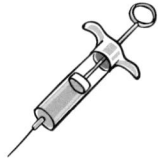

pote

vaccí

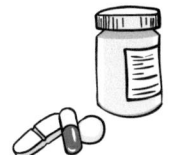

tabletes

comprimits

pretapaugļošanās tablete

píl·lola

ārkārtas izsaukums

trucada d'urgència

asinsspiediena mērītājs

tensiòmetre

slims / vesels

malalt / sà

Palīgā!

Socors!

uzbrukums

assalt

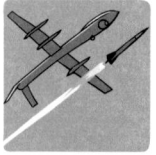

uzbrukums

atac

bīstamība

perill

avārijas izeja

sortida-eixida d'urgència

Uguns!

Foc!

ugunsdzēšamais aparāts

extintor

negadījums

accident

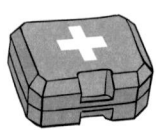

pirmās palīdzības aptieciņa

farmaciola de primers
auxilis

SOS

SOS

policija

policia

Eiropa

Europa

Ziemeļamerika

Amèrica del Nord

Dienvidamerika

Amèrica del Sud

Āfrika

Àfrica

Āzija

Àsia

Austrālija

Austràlia

Atlantijas okeāns

Atlàntic

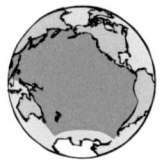

Klusais okeāns

Pacífic

Indijas okeāns

Oceà Índic

Dienvidu okeāns

Oceà Antàrtic

Ziemeļu ledus okeāns

Oceà Àrtic

Ziemeļpols

pol nord

Dienvidpols
pol sud

Antarktika
Antàrtida

zeme
terra

zeme
país

jūra
mar

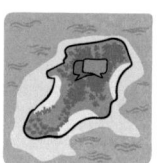

sala
illa

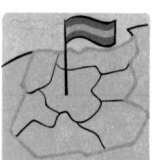

nācija
nació

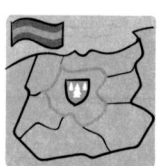

valsts
estat

ciparnīca

quadrant

stundu rādītājs

agulla de les hores

minūšu rādītājs

agulla dels minuts

sekunžu rādītājs

agulla dels segons

Cik ir pulkstenis?

Quina hora és?

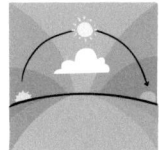

diena

dia

laiks

temps

tagad

ara

digitālais pulkstenis

rellotge digital

minūte

minut

stunda

hora

nedēļa
setmana

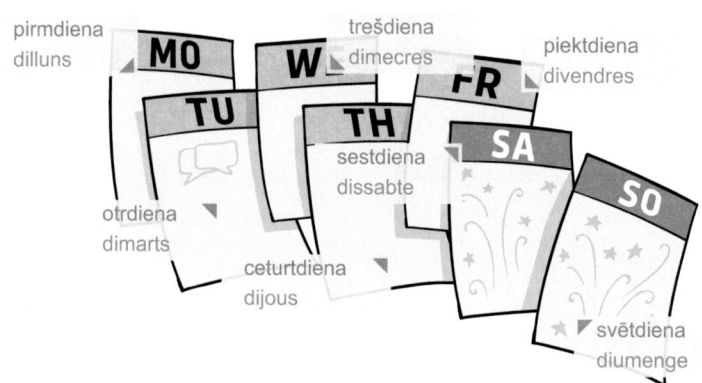

pirmdiena
dilluns

MO

trešdiena
dimecres

W

piektdiena
divendres

FR

TU

TH

SA

SO

otrdiena
dimarts

sestdiena
dissabte

ceturtdiena
dijous

svētdiena
diumenge

vakardien

ahir

šodien

avui

TUE
3

rītdien

demà

rīts

matí

pusdienlaiks

migdia

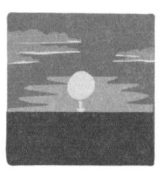

vakars

tarda

MO	TU	WE	TH	FR	SA	SU
1	2	3	4	5	6	7
8	9	10	11	12	13	14
15	16	17	18	19	20	21
22	23	24	25	26	27	28
29	30	31	1	2	3	4

darbadienas

dia feiner

MO	TU	WE	TH	FR	SA	SU
1	2	3	4	5	6	7
8	9	10	11	12	13	14
15	16	17	18	19	20	21
22	23	24	25	26	27	28
29	30	31	1	2	3	4

brīvdienas

cap de setmana

lietus
pluja

varavīksne
arc de Sant Martí

sniegs
neu

vējš
vent

pavasaris
primavera

vasara
estiu

rudens
tardor

ziema
hivern

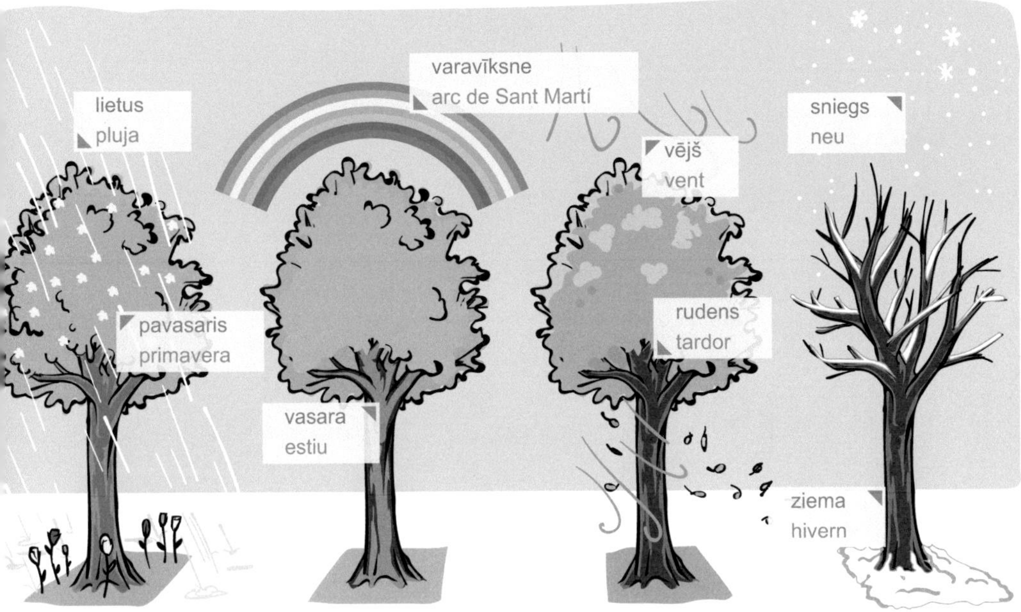

laika prognoze
pronòstic del temps

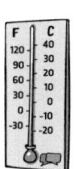

termometrs
termòmetre

saules gaisma
llum del sol

mākonis
núvol

migla
boira

gaisa mitrums
humiditat de l'aire

zibens

llamp

pērkons

tro

vētra

tempesta

krusa

calamarsa

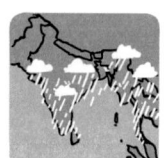

musons

monsó

plūdi

inundació

ledus

gel

janvāris

gener

februāris

febrer

marts

març

aprīlis

abril

maijs

maig

jūnijs

juny

jūlijs

juliol

augusts

agost

septembris
setembre

oktobris
octubre

novembris
novembre

decembris
desembre

aplis
cercle

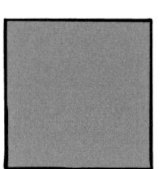

kvadrāts
quadrat

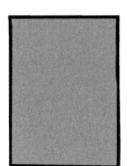

četrstūris
rectangle

trīsstūris
triangle

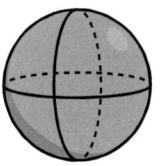

lode
esfera

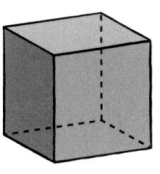

kubs
cub

| balts | dzeltens | oranžs |
| blanc | groc | taronja |

| sārts | sarkans | lillā |
| rosa | vermell | lila |

| zils | zaļš | brūns |
| blau | verd | marró |

| pelēks | melns |
| gris | negre |

daudz / maz

molt / poc

saniknots / miermīlīgs

emprenyat / tranquil

skaists / neglīts

bonic / lleig

sākums / beigas

començament / fi

liels / mazs

gran / petit

gaišs / tumšs

clar / fosc

brālis / māsa

germà / germana

tīrs / netīrs

net / brut

pilnīgs / nepilnīgs

complet / incomplet

diena / nakts

dia / nit

miris / dzīvs

mort / viu

plats / šaurs

ample / estret

baudāms / nebaudāms

comestible / immenjable

nikns / laipns

dolent / amable

satraukts / garlaikots

entusiasmat / entediat

resns / tievs

gros / prim

pirmais /pēdējais

primer / darrer

draugs / ienaidnieks

amic / enemic

pilns / tukšs

ple / buit

ciets / mīksts

dur / tou

smags / viegls

pesant / lleuger

izsalkums / slāpes

gana / set

slims / vesels

malalt / sà

nelegāls / legāls

il·legal / legal

inteliģents / dumjš

intel·ligent / ximple

kreisais / labais

esquerra / dreta

tuvu / tālu

prop / llunyà

jauns / lietots

nou / usat

nekas / kaut kas

res / quelcom

vecs / jauns

vell / jove

ieslēgts / izslēgts

encès / apagat

atvērts / slēgts

obert / tancat

kluss / skaļš

silenciós / sorollós

bagāts / nabags

ric / pobre

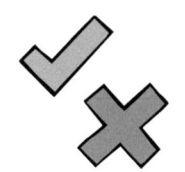

pareizi / nepareizi

correcte / incorrecte

raupjš / gluds

aspre / suau

noskumis / laimīgs

trist / content

īss / garš

curt / llarg

lēns / ātrs

lent / ràpid

slapjš / sauss

humit / sec - eixut

silts / vēss

calent / fred

karš / miers

guerra / pau

0

nulle

zero

1

viens

u

2

divi

dos

3

trīs

tres

4

četri

quatre

5

pieci

cinc

6

seši

sis

7

septiņi

set

8

astoņi

vuit

9

deviņi

nou

10

desmit

deu

11

vienpadsmit

onze

12	**13**	**14**
divpadsmit	trīspadsmit	četrpadsmit
dotze	tretze	catorze

15	**16**	**17**
piecpadsmit	sešpadsmit	septiņpadsmit
quinze	setze	disset

18	**19**	**20**
astoņpadsmit	deviņpadsmit	divdesmit
divuit	dinou	vint

100	**1.000**	**1.000.000**
simts	tūkstotis	miljons
cent	mil	milió

anglu

anglès

amerikāņu anglu

anglès americà

ķīniešu mandarīnu valoda

xinès mandarí

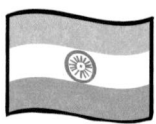

hindi

hindi

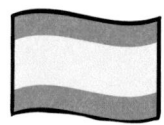

spāņu

espanyol

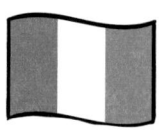

franču

francès

arābu

àrab

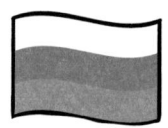

krievu

rus

portugāļu

portuguès

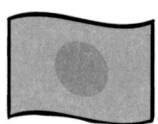

bengāļu

bengalí

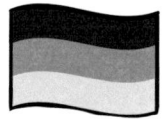

vācu

alemany

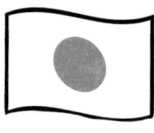

japāņu

japonès

es
jo

tu
tu

viņš / viņa
ell / ella / allò

mēs
nosaltres

jūs
vosaltres

viņi / viņas
ells

kas?
qui?

ko?
què?

kā?
com?

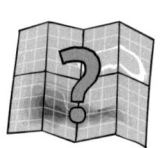

kur?
on?

kad?
quan?

vārds
nom

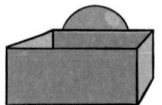

aiz

darrere

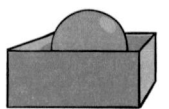

iekšā

en

priekšā

davant de

virs

damunt

uz

sobre

zem

sota

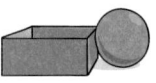

blakus

al costat

starp

entre

vieta

lloc